LES ACQUÉREURS

DE DOMAINES NATIONAUX,

AU TRIBUNAL DE L'OPINION,

OU

OBSERVATIONS

SUR LA LETTRE DE M. FALCONET AU ROI,

Relative à la vente des Domaines nationaux,

PUBLIÉES PAR P. J. S. DUFEY (de l'Yonne).

Fundamentum justitiæ est fides, dictorum conventorumque constantia et veritas.

CIC. DE OFFIC. L. 1.

PARIS,

A la Librairie de la rue J.-J. Rousseau, n° 20;
Chez LAURENT-BEAUPRÉ, Palais-Royal, galerie de bois, n° 218.

DE L'IMPRIMERIE DE GILLÉ.

1814.

LES ACQUÉREURS

DE DOMAINES NATIONAUX,

AU TRIBUNAL DE L'OPINION,

OU

OBSERVATIONS

SUR LA LETTRE DE M. F*** AU ROI,

Relative à la vente des Domaines nationaux.

———

Après vingt-quatre années d'agitations convulsives l'Europe est en paix ; le repos est le premier besoin, le premier vœu de tous les peuples et de tous les gouvernemens.

Rétablie dans les palais et les armées des souverains, la paix, si long-temps désirée, achetée par tant de sacrifices, serait-elle bannie de nos familles ? Les tribunaux deviendraient-ils l'arène déplorable de nouveaux et interminables débats ?

Quel a donc été votre but en publiant votre diatribe, et en l'adressant au Roi ?

Son entrée dans la capitale a été signalée par une déclaration franche et solennelle sur tous les points qui intéressent la liberté publique, individuelle et religieuse, les droits des braves et de leurs familles, la consolidation irrévocable des ventes de domaines nationaux, l'engagement de donner aux Français une charte constitutionnelle basée sur ces principes.

Avant l'arrivée du Roi en France, Monsieur, lieutenant-général du royaume, avait proclamé les mêmes sentimens.

La charte constitutionnelle a été publiée.

L'article 9 dispose : « Toutes les propriétés » sont inviolables , *sans aucune exception de* » *celles qu'on appelle nationales ,* la loi ne met- » tant aucune différence entre elles. »

« Toutes recherches des opinions et votes émis » jusqu'à la restauration sont interdites ; le même » oubli est commandé aux tribunaux et aux » citoyens. » (Art. 11.)

Cette charte donnée en présence des premiers corps de l'Etat, enregistrée, déposée dans les archives de toutes les autorités, connue sur tous les points de la France, reçue et méditée dans toutes nos familles, comme dans toute l'Europe, aurait été ignorée dans la rue du Foin-Saint-Jacques !

Il est du moins certain que vous écrivez comme si elle vous était tout-à-fait inconnue.

Mais votre travail sur les ventes de domaines nationaux était fait, et il fallait que la France, l'Europe, et le Roi surtout, connussent votre façon de penser sur ce sujet.

Vous présentez la question comme douteuse, comme soumise à la discussion, lorsque depuis long-temps près de vous elle avait été décidée par la réponse de Monsieur à une députation du premier corps de l'Etat, par la déclaration du Roi du 2 mai, enfin par la charte constitution-nelle du 4 juin dernier.

Elle ne pouvait plus s'agiter sérieusement même au tribunal de l'opinion.

La tribune est déserte, et vous vous y élancez bravement, votre cahier à la main ; votre imagination s'exalte, s'enflamme, elle transforme votre solitaire et paisible cabinet en *forum* ; elle vous présente mille ennemis à combattre, mille obstacles à surmonter..... Vous vous écriez avec une noble intrépidité : *tracto et incedo per ignes.*

D'autres vous voyant vous agiter seul, frapper dans tous les sens, combattre dans le vide, vous compareraient au héros chevaleresque immortalisé par Cervantes.

Mais, au risque de paraître manquer de justesse et de vérité, je vous comparerai à l'orateur romain, envoyant à l'infortuné Milon, condamné à l'exil, ce beau plaidoyer que vous connaissez peut-être, et qu'il n'avait composé qu'après le jugement en dernier ressort contre son client.

Ne pourrait - on pas vous reprocher d'avoir parlé trop tard ? Auriez-vous pu penser que votre opinion serait pour ceux qui la partageaient un monument d'éloquence et une puissante consolation ?

Les controversistes sont souvent exposés à parler contre leur propre sentiment ; en pareil cas une chaleur inégale et factice, des fréquens écarts, l'incohérence, la faiblesse des argumens, trahissent l'embarras de l'orateur.

Je vous en demande pardon ; mais je cherchais dans votre mémoire en forme de lettre des faits précis, des principes certains, une logique décente et décisive.

Vous le dirai-je ; je vous ai lu avec la meilleure envie du monde de vous croire, et vous ne m'avez pas convaincu ; et si je n'avais lu presqu'à chacune des 94 pages de votre missive les mots de voleurs, de coquins, de rebelles, de parjures, de parjurorebelles et de sacriléges, j'aurais cru que vous ménagiez vos adversaires, et que vous ne les attaquiez que pour la forme.

Vous préludez en promettant de parler en bon français; on ne peut refuser beaucoup de hardiesse à vos premiers traits.

L'assemblée constituante, dites - vous, n'était *qu'un ramas d'hommes* sans pudeur, sans talens, sans honneur, sans considération.

Me serait-il permis de vous faire observer que ceux mêmes que vous prenez aujourd'hui pour juges, dont vous invoquez l'autorité, avaient siégé dans cette assemblée qui eût pu, dit-on, remplir honorablement sa noble et délicate mission, si elle eût su se garantir de la contagieuse influence et des désastreuses aberrations de l'esprit de parti.

J'aurais cru que, pour l'intérêt de votre cause, et même dans une lettre au Roi, vous pouviez bien vous écarter un peu des règles austères de la vérité, mais respecter celles de la politesse et des convenances.

J'ai voulu savoir si votre colère contre cette assemblée était fondée; il m'a fallu consulter les écrits du temps; je n'ai lu que ceux qui ne la flattaient pas. Vous ne dites point dans votre lettre si l'aliénation des biens du clergé était nécessaire.

Il fallait donc aussi me fixer sur ce point.

Les guerres longues et dispendieuses des règnes précédens, le plus grand désordre dans l'administration et l'emploi des revenus publics avaient compromis et bientôt totalement épuisé le crédit de l'État et tari toutes ses ressources.

Les remèdes ordinaires ne pouvaient rien contre un mal qui ne l'était pas.

L'ordre le plus opulent de l'Etat, le plus zélé pour la conservation de ce qu'il appelait ses im-

munités, refusait avec la plus inflexible obstina-
tion le moindre sacrifice de ses immenses revenus.

Son refus et l'urgence des besoins rendirent
nécessaire l'examen de ses droits. Dans des cir-
constances moins difficiles, et pour des causes
moins justes, des princes chrétiens avaient récem-
ment employé à la libération des dettes publiques
et aux besoins de l'Etat, non-seulement les revenus, mais les biens du clergé.

En France, et sous le règne précédent, les
biens des Jésuites avaient été confisqués, sans indemnité pour ces religieux, dont l'expulsion fut
en même temps ordonnée et exécutée.

Une pareille mesure avait été spontanément
exécutée dans d'autres royaumes.

Et cependant les Jésuites n'étaient pas d'obs-
curs cénobites ; souverains et commerçans au
Paraguai , ils occupaient en Europe presque
toutes les chaires de l'instruction publique et des
temples.

Avant et depuis ce mémorable événement,
d'autres ordres religieux avaient été supprimés,
leurs biens mis à la disposition des souverains ;
une partie en avait été donnée à d'autres corporations conservées.

Mais ces concessions faites par le souverain ne
changeaient rien au droit qu'il conservait d'en
disposer à l'avenir.

En 1789, le gouvernement , obéré de dettes,
était placé dans la triste alternative d'une ban-
queroute ruineuse et déshonorante, ou l'emploi
d'un moyen extraordinaire pour se libérer.

Fallait-il s'emparer des biens du clergé en se
chargeant des frais du culte, de l'instruction et
des hôpitaux auxquels les revenus de ces biens
étaient spécialement affectés, et employer l'excé-

dant au paiement de la dette publique ? On osa croire ce parti juste et nécessaire, on osa dire et proclamer que leur aliénation était conforme aux principes de l'équité et de notre droit public.

Pourquoi, monsieur, n'avez-vous pas prévu cette objection ? Il vous eût été si facile d'y répondre : c'était la principale question du procès; vous n'avez pas daigné l'aborder,

Vous avez pensé qu'il vous suffisait d'affirmer que le clergé était propriétaire et non usufruitier. Vous attribuez l'origine des biens qu'il possédait à quatre causes principales que je vais rapporter. (Je copie.)

« Ces biens venaient, 1.º de ce que plusieurs » de ceux qui, dans les premiers temps, se dé- » vouaient à Dieu, étaient propriétaires ; de ce » que, succédant à leurs parens, ils laissaient leurs » biens et leur héritage aux monastères dans les- » quels ils avaient été reçus. »

Oserai-je vous demander quelle origine vous donnez à ces monastères et à leurs dépendances? Mais enfin cette cause, si légitime selon vous, ne me paraît pas très-respectable.

Oserai-je vous demander si des moines pouvaient en conscience donner à d'autres moines célibataires comme eux des biens qu'ils avaient reçus de leurs pères, moins comme une propriété que comme un dépôt, et au préjudice de leurs parens, époux et pères, que la nature et la loi civile appelaient à posséder ces biens après eux.

J'ai quelque peine à croire que ces pieuses concessions fussent rigoureusement conformes à l'équité et même aux principes de la pure morale de la primitive église. Richement dotés, les moines ne pouvaient plus remplir leurs saints devoirs ; ils priaient sans doute, mais ils ne travaillaient plus.

Voilà, monsieur, voilà sans doute ce qui excita les reproches que leur adresse le respectable annotateur de l'histoire de l'église : *Monachus qui non laborat pro fraudatore et fure est habendus*, an. ap. soc. histor. eccles. lib. 2, cap. 18.

« 2° De ce que beaucoup de solitaires s'étant
» établis dans les bois, dans les lieux déserts,
» avaient défriché, puis cultivé des terrains qui
» leur avaient été abandonnés par les maîtres de
» ces terrains. »

Cette cause placée au second rang ne devait-elle pas l'être au premier ? Je ne crois pas qu'il y eût des moines dans les bois et dans les déserts, lorsqu'il existait de commodes monastères pour les abriter.

Mais, monsieur, je suis ici parfaitement de votre avis, et je partage votre pieuse indignation ; il fallait respecter les terrains dont vous parlez ; on n'a pu sans crime arracher à leurs rustiques travaux ces religieux laboureurs, vignerons et jardiniers ; il fallait les laisser vivre, prier et mourir en paix sur un sol fécondé chaque jour par leurs sueurs. Lors de la suppression des ordres monastiques, y avait-il beaucoup de ces laborieux solitaires en France ?

« 3° De ce que, dans des époques de ferveur
» religieuse, il n'y avait personne qui ne laissât
» des fondations pour le *remède de son âme*, que
» souvent on faisait légataire universelle, ou *de*
» *celle de ses parens.* »

Je ne comprenais pas trop ce passage, quoique vous vous piquiez d'écrire en bon français. Une âme légataire, à titre particulier ou à titre universel, de choses absolument terrestres ! Cela passait ma faible intelligence. Mais heureusement vous êtes venu à mon secours par une note lumineuse, qui m'apprend que cette âme légataire échangeait son legs contre les prières d'un couvent qui recevait le legs dont elle n'avait que faire (1).

Cette ferveur religieuse s'est bien ralentie ; et depuis , dans leurs actes de dernière volonté, les mourans léguèrent leurs biens à leurs parens ou à leurs amis qu'on avait jusqu'alors pieusement oubliés.

« 4° De ce qu'une infinité d'individus (l'ex-
» pression n'est pas très-polie), excités par des
» motifs de charité, avaient fondé des couvens,

____

(1) Un meunier provençal imagina un assez singulier expédient pour rendre *caduc* le legs fait par sa femme , *ad remedium animæ suæ*, au curé de son village.

La meunière aimait beaucoup son mari ; elle s'obstinait à vouloir lui laisser tout son bien, c'était contre l'usage reçu. Nul mourant alors n'était dispensé de léguer quelque chose à l'église. Le curé, ne pouvant parvenir à la déterminer à s'y conformer, lui conseilla de nommer comme elle le désirait son mari héritier, mais à condition qu'à son enterrement il accompagnerait ses funérailles en chantant. Il présumait bien que *Jean* n'en ferait rien. Les précautions étaient prises pour qu'il ne connût pas cette condition ; on ne s'avise jamais de tout ; et *Jean*, qui soupçonnait le curé, prit aussi des mesures pour ne pas perdre l'héritage.

Sa femme morte, il la pleura beaucoup et de bonne foi. Comptant sur la succession, le clergé vient en grand appareil chercher le corps de la défunte. *Jean*, en habit de fête, se joignit au cortége, malgré les représentations désintéressées du curé. Le meunier n'en fit cas, et suivait en chantant : *Adiou, ma belle Anna, adiou, ma belle Anna ; mounsu lou curat sap sous affas , et you las mions ; adiou, ma belle Anna , adiou, adiou, ma belle Anna ; lous capellas cantonn per argent , you tamben , etc.* Il eut le legs, et la chronique provençale ne dit point si le clergé pria long-temps pour l'ame de Jeanne.

(Note d'un Marseillais.)

» des hospices, des chapelles et d'autres établis-
» semens auxquels ils avaient attaché des terres,
» des redevances, à certaines conditions, et même
» quelques-uns à charge de retour à leur famille,
» dans le cas où ces établissemens seraient dé-
» truits par l'autorité publique.

» Il serait trop difficile de compléter l'énumé-
» ration des canaux qui ont conduit les biens
» ecclésiastiques à leur destination, etc. »

Vous nous aviez déjà parlé des couvens; hélas! ils n'existent plus. Mais on voit encore beaucoup d'hospices; on assure même qu'ils sont au moins aussi nombreux qu'autrefois, et tout aussi bien administrés. D'autres revenus ont remplacé ceux établis par les anciens fondateurs; de nouvelles dotations ajoutent chaque jour à leurs ressources. C'est ce que j'ai appris dans le bulletin des lois. Il n'y aurait donc pas, sous ce rapport, autant de mal que je le croyais d'après vous.

Mais il n'en est pas moins vrai que l'on n'a rien fait pour nous rendre les couvens ; c'était une si belle chose! Je m'en suis fait expliquer tous les avantages. Un père qui avait plusieurs enfans voulait-il réunir tous ses biens sur la tête d'un de ses fils, il séquestrait de sa famille et de la société ses autres enfans, qui faisaient vœu de renoncer au monde avant de le connaître. C'était extrêmement commode, surtout pour les demoi-selles, dont on ne sait plus que faire. Je suis bien sûr qu'elles liront avec le plus vif intérêt ce petit article de votre lettre, et qu'elles hâteront de tous leurs vœux, de tous leurs moyens, le rétablisse-ment des couvens, et qu'il leur tarde d'être mères pour y envoyer leurs demoiselles, qui devien-dront ursulines, carmélites, visitandines, etc.; ce qui vaut bien mieux que d'être mères de famille.

On a transformé les couvens des deux sexes en casernes et en manufactures. Rendus à leur destination première, ils deviendraient l'asile de quelques moines qui, pour le plus grand bien de l'église et des mœurs, remplaceront des milliers de vils artisans, et prendront soin de leurs voisines dont ils instruiront les enfans.

Nous n'aurons plus rien à envier à l'Espagne et à l'Italie. Des hérétiques comme Howard auront beau dire que l'Espagne et l'Italie, que Rome seule, malgré sa police très-négligée, renferment plus de malfaiteurs que le reste de l'Europe, on ne les croira pas; il est évident qu'ils se trompent sur la cause de cette différence; et s'il y avait beaucoup plus de couvens, il en serait tout autrement.

Il est bien vrai que, dans l'intention des fondateurs, les biens par eux donnés à l'église étaient destinés à assurer les frais du culte, l'entretien des établissemens de bienfaisance et d'humanité, surtout les hôpitaux. La nation s'est chargée de remplir leurs intentions; l'a-t-elle fait? Cette question est étrangère aux acquéreurs. Ils ont payé et payé deux fois le prix de leurs acquisitions; leur libération est parfaite, et si les héritiers des fondateurs avaient quelques réclamations à former sur l'inexécution du contrat originaire, c'est au gouvernement qu'ils devraient s'adresser, non pour reprendre les biens, mais pour que leur produit fût employé aux frais auxquels ils étaient destinés. Devant quel tribunal devraient être portées ces réclamations? Je l'ignore : *res Dei judicio servata.*

J'aurais quelque raison de douter qu'elles fussent fondées, du moins pour la plupart. Des fonds ont été assignés aux hôpitaux et aux pauvres sur les octrois des villes , les prises maritimes , le mont-de-piété , etc.

Nos maisons ne sont plus assiégées de mendians ; des établissemens publics offrent à ceux qui peuvent travailler (et c'est le plus grand nombre), un asile sûr, du travail et une sage et juste distribution de tous les secours de la pitié publique.

Des congrégations destinées à l'éducation primaire des enfans de familles peu fortunées ont été rétablies.

J'ose croire que les fondateurs, amis des mœurs, de la religion et du bon ordre, ont voulu assurer des secours à l'infirmité, à la faiblesse et au malheur, et non contribuer à alimenter le luxe des prélats et des abbés commandataires ou réguliers.

L'aliénation des biens ecclésiastiques a surtout excité les plaintes du haut clergé ; mais si les gros bénéficiers y ont perdu, les curés de campagne n'ont plus été réduits à la portion congrue. On ne pouvait contenter tout le monde ; et si, sur ce ce point important, il fallait se décider par le nombre de voix, les plaignans seraient en minorité.

Depuis 14 ans surtout que la religion est rétablie, les curés de campagné paraissent contens de leur sort. Quelques-uns peuvent regretter les dîmes ; mais depuis si long-temps on s'est habitué à ne payer de contributions qu'au trésor public, qu'on ne pourrait guère les rétablir sans s'exposer à de nombreuses et irrésistibles oppositions ; on ne le pourrait d'ailleurs qu'en diminuant les revenus de l'Etat qui salarie les curés, etc.

Encore une fois, monsieur, si, ce que j'ai peine à croire, le gouvernement qui a vendu les biens ecclésiastiques n'avait pas rempli les intentions des fondateurs, on ne pourrait en rendre comptables les acquéreurs qui ont rempli leurs engagemens envers lui. Cette action, fondée ou non, ne pouvait d'ailleurs appartenir au clergé, mais aux héritiers de ces mêmes donateurs; et vous sentez la force de la fin de non-recevoir que pourraient opposer aux réclamans les tiers détenteurs.

Dans une pareille lutte, le gouvernement serait en même temps garant de la partie attaquée et juge de la cause.

Au surplus, ce grand procès est irrévocablement et souverainement jugé.

Bon chrétien, bon Français, je n'ai rien négligé pour éclairer sur les points de la contestation ma raison et ma conscience.

J'ai lu, j'ai médité avec la plus scrupuleuse attention *les questions sur la propriété des biens fonds ecclésiastiques de France,* par M. Arnaud de Chapt, prêtre, docteur de la maison et société de Sorbonne, vicaire général du diocèse d'Arles, abbé commandataire de Saint-Menin de Mici, député à l'assemblée constituante.

Le docteur veut prouver et prouve,

1º Que les biens ecclésiastiques de France n'appartenaient point à l'église en général;

2º Ni à l'église gallicane ni au clergé de France ;

3º Que ceux d'un diocèse n'appartenaient pas à ce diocèse ;

4º Qu'ils n'appartenaient pas au gouvernement.

Il en concluait qu'ils étaient la propriété de chaque église respective, qui néanmoins ne pouvait en disposer.

Cette argumentation était au-dessus de ma faible intelligence; tous mes doutes me restaient après l'avoir lue et relue plusieurs fois ; il ne m'était pas donné de la comprendre.

Mais ce savant autant que modeste docteur de Chapt de Rastignac obtint l'approbation de Sa Sainteté, dont il a eu soin de faire imprimer le bref en tête de son ouvrage, page 18 et suiv. ; et je ne doutai plus qu'il n'eût raison.

Ce bref porte : *Certa enim spes nos tenet, quum elucubrationem legere adhuc non licuerit, eâ ratione rem te attigisse quâ virum decet tum militiæ ecclesiæ additum, tum doctrinâ atque eruditione præstantem, atque honore gallicani cleri studiosissimum,* que M. de Rastignac traduit ainsi : « Nous n'avons pu encore lire votre ou-
» vrage, et *c'est pour cette raison* que nous avons
» tout lieu de croire que vous avez traité la ma-
» tière comme il convient à un homme attaché
» à la milice ecclésiastique, supérieur par la doc-
» trine et par l'érudition, et très-zélé pour l'hon-
» neur de l'église gallicane. »

Sa Sainteté aura sans doute depuis lu cet éloquent ouvrage, et son opinion sur son mérite n'aura point changé, puisqu'aucun autre document ne nous l'annonce. Son pieux et magnanime successeur s'est prononcé sur ces aliénations de la manière la plus franche et la plus claire.

Quel homme, même sans être chrétien, n'a pas admiré le courage évangélique du souverain pontife Pie VII, aujourd'hui régnant ! Celui devant qui tremblait l'Europe entière ne put ni le séduire ni l'effrayer. Si dans sa longue et douloureuse captivité rien n'a pu ébranler son héroïque constance, si les menaces et les caresses du dominateur le plus puissant alors et le plus redouté n'ont pu lui arracher le moindre acte, le moindre signe de faiblesse, pourrait-on élever le moindre doute sur la sincérité d'un traité médité et souscrit en son nom, approuvé formellement par lui à Rome, et à une époque où il y jouissait évidemment de toute son indépendance, de toutes les prérogatives de sa souveraineté temporelle et spirituelle.

C'est dans un pareil acte que le chef, le modèle des chrétiens, a proclamé, reconnu la *propriété incommutable* des biens ecclésiastiques entre les mains de ceux qui les possèdent aujourd'hui.

L'article 13 du concordat, signé à Paris le 15 juillet 1801, et ratifié ensuite à Rome par Sa Sainteté elle-même, dispose :

XIII. *Sanctitas sua pro pacis bono felicique religionis restitutione, declarat eos qui bona ecclesiæ alienata acquisiverunt, molestiam nullam habituros, neque à se, neque à romanis pontificibus, successoribus suis, ac consequenter proprietas eorumdem bonorum, reditus ac jura iis inherentia, immutabilia penès ipsos erunt, atque ab ipsis causam habentes.*

XIII. Sa Sainteté, pour le bien de la paix et l'heureux rétablissement de la religion catholique, déclare que ni elle, ni ses successeurs ne troubleront en aucune manière les acquéreurs des biens ecclésiastiques aliénés, et qu'en conséquence la propriété de ces mêmes biens, les droits et revenus y attachés, demeureront incommutables entre leurs mains ou celles de leurs ayant cause.

Le concordat est encore loi du royaume. N'avez-vous pas lu, il y a peu de jours, la lettre du ministre de l'intérieur qui en rappelle l'observation à quelques prêtres qui osaient le méconnaître. Ah ! sans doute, Monsieur, vous n'avez pas prétendu vous mettre en opposition avec la volonté bien prononcée du souverain pontife et la déclaration solennelle et spontanée du roi, ni ranimer dans notre patrie les germes d'une guerre civile et religieuse. J'aime à croire que vous eussiez respecté des actes aussi authentiques, aussi justes, aussi sages, s'il vous eût été donné de les connaître ou de les apprécier.

Je reviens avec vous au droit de propriété du clergé.

La définition que vous faites de la propriété est toute nouvelle, j'en conviens ; est-ce votre faute si, sur ce point, vous n'êtes pas d'accord avec les jurisconsultes de tous les siècles et de tous les pays. Comment ne pas croire avec vous, et d'après vous, que les véritables propriétaires ne sont pas ceux qui peuvent aliéner à leur gré les biens qu'ils possèdent, mais ceux qui ne peuvent ni les léguer, ni les vendre, ni les engager. *Le clergé*, dites-vous, ne peut aliéner, et voilà précisément ce qui le place au premier rang des véritables propriétaires. Il faut l'avouer, il n'y a pas d'erreur plus anciennement, plus généralement répandue que celle que vous confondez ainsi avec autant de hardiesse et de raison que de succès. Il n'y a, il ne peut y avoir de vrais propriétaires que les religieux et les bénéficiers. Grotius, Puffendorff et Montesquieu n'ont donné que de fausses définitions de la propriété ; mais malheureusement leur doctrine erronée est si répandue, qu'il ne fallait rien moins que votre lettre pour désabuser les nations que leurs sophismes trompent depuis si long-temps.

En admettant le principe lumineux, dont la

découverte et la publicité honorent votre raison,
on ne trouve plus la moindre difficulté à résoudre
le grand problème des droits temporels de l'église.

J'admire et je me tais ; après un pareil argument vous pouviez vous arrêter et jouir de votre
triomphe.

Oui, sans doute, la loi qui a violé ce principe
est une loi injuste, absurde et spoliatrice ; aussi
vous observez, avec raison, que Tronchet,
Treilhard et Mirabeau, qui l'ont imaginée, pro-
posée et défendue, n'étaient pas très-bien vus dans
leur famille et au barreau.

Vainement, hélas ! on leur opposa tous les
foudres de l'Eglise, les lumières du haut clergé,
et l'éloquence désintéressée de cet abbé *Mauri*,
qui avant, qui depuis, mais alors…… Rien n'a
manqué alors à la défense de cette sainte cause
que vos talens et le succès.

C'était, pour les spoliateurs, une assez belle
proie que les biens du clergé ; mais, dans la car-
rière du mal, on ne s'arrête jamais au premier
pas.

Et cette même assemblée constituante qui,
pour payer les dettes de l'Etat, avait ordonné la
confiscation des biens ecclésiastiques, n'a-t-elle pas
rappelé en même temps en France les hérétiques
qui en étaient sortis à la fin du 17.ᵉ siecle ? —
N'a-t-elle pas ordonné la restitution de leurs
biens invendus, et des rentes qui avaient appar-
tenu à leurs auteurs ? Ne valait-il pas mieux les
aliéner irrévocablement et en appliquer le produit
à la libération de la dette publique ; personne ne
s'y serait opposé, et le clergé eût applaudi lui-
même à ce grand acte de justice.

On a cependant osé comparer les émigrés de
nos jours aux religionnaires fugitifs !

Permettez-moi, Monsieur, quelques rapprochemens historiques sur ces deux émigrations, leurs causes et leurs résultats ; ces rapprochemens vous ont sans doute frappé, quoique vous n'en disiez rien ? — C'est bien à tort qu'on a prétendu que les émigrés de la fin du 17.e siècle et ceux des dernières années du 18.e avaient été victimes d'une double intolérance.

Il est bien vrai qu'on persécuta les religionnaires, qu'on employa, pour les convertir, des dragons et des bourreaux ; mais c'était pour leur bien, et on ne pouvait agir autrement, d'après la maxime toute évangélique, *compelle intrare*, qui forme tout le code de la propagande et de l'inquisition, dont la France n'a été privée que par l'entêtement du chancelier de l'Hôpital ; depuis l'occasion ne s'est plus présentée.

Que demandait-on aux religionnaires avant, lors et depuis la révocation de l'édit de Nantes, de renoncer à leur croyance, de se séparer de leurs enfans ; leur était-il si difficile de se convertir.

De devenir catholiques lorsqu'ils n'étaient que chrétiens.

Au surplus, voici ce que nous apprennent à ce sujet l'histoire et les monumens de notre législation.

L'édit de Nantes de 1598 fut fidèlement observé jusqu'à la mort de Henri IV, également chéri, estimé, regretté par tous les Français. Henri ne voyait en eux, quelle que fût la différence des sectes, que des enfans d'une même famille, également dignes de sa bienveillance toute paternelle.

Les religionnaires perdirent avec lui tout leur appui. — L'édit conciliateur cessa d'être respecté. — Les religionnaires osèrent réclamer contre ces infractions... Leurs plaintes ne furent pas entendues.

Il leur fut défendu de disposer de leurs biens;

Enfin l'édit de Nantes fut révoqué dans toutes ses dispositions en 1685.

L'exercice du culte protestant fut défendu en public et en particulier.

Et, sur le refus des religionnaires d'envoyer leurs enfans dans les écoles catholiques, ces enfans étaient enlevés et mis dans des couvens pour les préparer à l'abjuration.

Ils cherchèrent un asile chez l'étranger.

Une déclaration du 7 mai 1686 ordonna que tous les religionnaires qui pourraient être arrêtés seraient condamnés, sans autres formes de procès, les hommes, aux galères perpétuelles; les femmes, à être rasées et recluses pour le reste de leurs jours; les ministres condamnés au gibet ou à la roue.

L'édit de 1688 réunit au domaine du roi tous les biens des religionnaires fugitifs (1).

______

(1) La dépopulation effrayante de nos villes manufacturières et de nos campagnes dans les plus belles contrées de la France; les plaintes qui s'élevaient de toutes parts contre d'aussi odieuses qu'impolitiques proscriptions, la décadence absolue du commerce et de l'agriculture, ne produisirent d'autres effets sur le gouvernement que l'insignifiante déclaration du 10 février 1698. On promit aux religionnaires fugitifs la restitution de leurs biens, mais à une condition qui rendait leur retour impossible. Les mêmes peines les attendaient dans leur patrie, s'ils ne faisaient préalablement une abjuration solennelle. Les magistrats eux-mêmes gémissaient d'être les complices de ces proscriptions; quelques-uns, sous prétexte que la confiscation ne devait frapper que les biens des protestans sortis du royaume depuis la publication de

(Les biens confisqués ne furent vendus qu'en partie ; le reste fut affermé. — Il en existait beau-

l'édit, ne l'appliquaient point à ceux sortis antérieurement ; mais une déclaration du 13 septembre 1690 les contraignit d'être plus sévères.

Cette déclaration porte : « *Le procès sera fait et par-fait* par les baillis et sénéchaux ou leurs lieutenans criminels, aux nobles ; et par les juges royaux ordinaires aux autres sujets du roi, encore engagés dans la religion prétendue réformée, qui sortiront du royaume sans la permission de S. M. , signée d'un secrétaire d'état, que *le procès sera fait aussi* à ceux qui seront arrêtés sur les frontières, en état de sortir ; savoir, à ceux qui seront sortis s'ils peuvent être arrêtés ; sinon par contumace, par les lieutenans criminels, ou par les juges royaux des lieux où ils avaient leur domicile avant leur sortie ; et à ceux qui seront arrêtés en sortant, *le procès sera fait et parfait* par les baillis et les juges royaux des siéges dans l'étendue desquels ils auront été pris.

» S. M. ordonne que les uns et les autres seront condamnés , les hommes, aux galères perpétuelles, et les femmes, recluses dans les lieux qui seront ordonnés par les juges, avec confiscation de tous leurs biens, tant des hommes que des femmes, à perpétuité.... »

L'estimable auteur de la défense de Louis XIV assure que ce prince avait été continuellement trompé par ses entours sur tout ce qui regardait les malheureux religionnaires. « J'ai vu, dit-il, des notes de sa main chez M. de Marmontel, dans lesquelles il dit qu'il avait eu les mains liées. » Ces notes sont de 1683.

Madame de Caylus, nièce de madame de Maintenon, née protestante, comme sa tante, dit expressément dans *ses Souvenirs*, « que le roi fut trompé dans cette longue et malheureuse affaire par ceux en qui ce monarque avait mis sa confiance.

Le sort des protestans fut adouci sous les règnes suivans. L'assemblée générale du clergé présenta, en 1780, à Louis XVI, un mémoire contre les réformés ; elle réclamait la rigoureuse exécution des édits de Louis XIV. En rendant justice au zèle du clergé, le roi n'eut aucun égard à ses représentations. Il sut repousser une demande coup encore dans les mains du fisc, à l'époque de l'assemblée constituante, qui s'occupa du sort des héritiers des religionnaires fugitifs.

Un décret du 10 juillet 1790, sanctionné par le roi le 18 du même mois, ordonna la restitution de ces biens restés entre les mains du domaine.

Un autre décret du 9 décembre de la même année fixa le mode des restitutions.

L'article 12 dispose : « Les religionnaires fugitifs et autres, dont les biens ont été confisqués pour cause de religion, ne pourront, non plus que leurs héritiers, revendiquer lesdits biens, dans le cas où ils auraient été vendus. »

L'article 16.... « A l'égard des tiers acquéreurs et successeurs à titre particulier, ils ne pourront être inquiétés dans aucun cas. »

Ces biens invendus, ou que les parens restés en France n'avaient point recueillis, comme héritiers, furent restitués aux héritiers rentrés en France, en vertu du décret du 10 juillet 1790. — Ils les reçurent avec une respectueuse reconnaissance. Nulle réclamation ne s'est élevée contre les possesseurs des biens aliénés.

---

intolérante, sans blesser l'amour-propre de ses auteurs. Ce mémoire, et le trait auquel sa présentation donna lieu, sont rapportés dans le 3.ᵉ vol. des *Mémoires historiques et politiques sur le règne de Louis XVI, par M. Soulavie.*

Sous le règne de ce prince, non-seulement les protestans purent jouir en sûreté de leurs biens et en disposer, mais, comme tous les autres Français, ils pouvaient en acquérir, et purent même, dans plusieurs contrées, reprendre l'exercice de leur culte. Ce culte n'était que toléré, mais la sécurité des protestans avait pour garans leurs vertus, leurs talens, leur industrie, la justice, et la loyauté d'un roi qui savait tout apprécier.

(*Note de l'éditeur.*)

A l'époque de leur émigration, ces Français ne quittèrent leur patrie que pour ne pas être apostats et parjures. Telle était du moins leur opinion. Une longue agonie dans les fers, l'infamie et la mort, punissaient ceux qui osaient rentrer en France et y suivre leur croyance. Ils étaient saisis, jugés, condamnés comme des brigands et des assassins. Leurs biens enrichissaient leurs dénonciateurs et leurs juges.

La persécution n'est pas toujours un remède salutaire contre les erreurs religieuses ou politiques. Proscrits, les religionnaires n'en étaient ni moins zélés, ni moins nombreux. Depuis qu'ils ne sont plus l'objet d'une intolérante distinction, les apostasies sont devenues extrêmement rares dans toutes les sectes ; et tout n'en va pas plus mal.

En vous rappelant la législation sur la confiscation, la restitution des biens des Français qui émigrèrent à la fin du 17.e siècle, j'ai cru que les mêmes principes devaient régler la restitution des biens des Français qui émigrèrent à la fin du 18.e

Je n'examinerai point la différence des motifs qui déterminèrent ces deux émigrations. Que chacun interroge, sur ce point, l'histoire de nos jours, ou plutôt ce qu'il a vu et éprouvé lui-même, qu'il interroge sa conscience et qu'il prononce !

J'aime mon pays et je sens que la paix seule peut en assurer le repos et le bonheur. Je pense que pour rendre cette paix pleine, entière et durable ; il ne suffit pas que l'État ne soit pas en guerre avec les autres puissances, il faut que tous les Français soient unis. Le seraient-ils, s'il existe parmi eux de nouveaux germes de haine et de discorde.

Les religionnaires pourraient donc aussi, en adoptant votre système, réclamer contre les tiers détenteurs les biens qui furent confisqués à leur préjudice ou au préjudice de leurs parens, lors de la révocation de l'édit de Nantes. Ils le pourraient si l'on pouvait, en pareil cas, mettre en question la légitimité des ventes.

Permettez-moi de vous faire remarquer que la maxime : *Quod ab initio non valet, ex post facto convalescere non potest*, ne peut pas être opposée aux tiers détenteurs de bonne foi.

Où s'arrêterait l'examen d'une question dont Dieu seul, qui lit dans les consciences, peut prononcer la solution ?

Oui, sans doute, la confiscation des biens est toujours odieuse, parce qu'elle est toujours injuste dans son exécution. Quels que soient les torts réels, ou d'opinion de celui qu'elle frappe, elle étend la peine qui lui est infligée sur des tiers très-innocens, et les prive des biens que la nature et la loi les appelaient à posséder après lui.

Cette question est décidée pour l'avenir. « La peine de la confiscation est abolie et ne pourra être établie. » Art. 66, *Charte constitutionnelle.*

C'est du passé, c'est du présent qu'il s'agit ici ; et ce qui fut juste pour les religionnaires fugitifs, doit, ce me semble, l'être pour les émigrés de nos jours.

Le nombre des lésés est bien moins grand qu'on ne le pense.

Ce qui fut fait en 1790, pour le rappel des réligionnaires fugitifs et la restitution de leurs biens, a été fait également en 1802, en faveur des émigrés, par suite des événemens de la révolution. La sûreté pour leurs personnes, la restitution de leurs biens invendus leur furent garanties par le décret du 6 floréal an 10 (26 avril 1802), et un très-grand nombre revint en France. Depuis ee temps les mêmes avantages leur sont accordés; mais d'une manière absolue, sans aucune des conditions imposées par la loi de 1802.

A vous entendre, j'avais cru que les domaines de la couronne étaient tous aliénés; la chaleur avec laquelle vous en réclamiez la restitution m'avait persuadé que tout était perdu.

J'apprends que presque tous les domaines de la couronne, et surtout les plus riches et les plus importans, se sont *retrouvés*, avec toutes leurs dépendances, dans le meilleur état possible, sous la main du roi.

Comment ne saviez-vous pas cela dans votre quartier ; et si vous le saviez, pourquoi vous récrier sur une spoliation entièrement réparée ?

Entre nous, votre zèle, dont le motif est louable sans doute, a parfois l'accent et tous les écarts de la colère.

Au surplus vous ne consacrez aux domaines des émigrés et de la couronne que la moindre partie de votre missive au roi.

Et je reprends avec vous la suite de vos argumens en faveur des biens du clergé.

Vous avez sagement pensé qu'il fallait, sur le sujet principal de votre cause, vous environner d'autorités importantes, et surtout d'une analogie parfaite avec l'objet de la discussion ; cependant je ne sais par quelle fatalité vos argumens ne font qu'ajouter à mes doutes ou les résoudre contre votre opinion ?

Vous aviez démontré que le clergé était propriétaire, parce qu'il avait le droit de jouir et non d'aliéner. Il ne s'agissait que de justifier, par des citations et des faits, cette lumineuse définition.

« Lors du sacre du roi (dites-vous page 29),

un évêque s'adresse au roi en ces termes » : « Nous
» vous demandons qu'à chacun de nous, et aux
» églises qui nous sont commises, *vous conserviez*
« le privilége canonique et la justice qui nous
» est due, comme un roi le doit faire en son
» royaume. »

Vous donnez le texte latin de cette demande.
Je me permettrai de vous faire observer, quant
au privilége canonique, il y a dans le texte *per-*
donari. Le mot *conservare* ne s'applique qu'à
l'autre article ; mais passons sur ce point.

» Le roi répondait qu'il garderait à chacun
des évêques *présens* et à leurs églises le privilége
canonique, la loi et la justice, ainsi que, Dieu
aidant, le doit faire un roi à l'église à lui confiée. »

Mais, ou je m'abuse étrangement, ou ce droit
canonique, cette justice, cette loi ne peuvent
s'entendre que des attributions et des immunités
attachées à la dignité d'évêque ; à tout ce qui
tient à la hiérarchie, à la discipline ecclésiastiques.

J'ai cherché vainement un mot qui puisse s'appliquer formellement à l'administration, encore
moins à un droit de propriété.

En donnant même à ces expressions un sens
aussi étendu, il faudrait en conclure que si le roi
donnait ou consentait le privilége canonique, et
si ce privilége canonique comprenait l'administration, l'emploi des biens du clergé, le clergé
se reconnaissait, par sa demande même au roi,
comme simple usufruitier des biens dont le chef
de l'état pouvait seul régler les droits de jouis-
sance.

Ou votre texte ne dit pas tout sur ce point, ou
vous en avez sous-entendu une partie. C'est
une lacune qu'il faut vous hâter de remplir.

Personne ne vous contestera que les biens de

l'ordre de Malte se composaient en grande partie de ceux confisqués à l'ordre des templiers. Vous rappelez également la suppression des antonins et la concession de leurs biens à d'autres corporations religieuses.

C'est toujours le gouvernement de l'état qui supprime les ordres et qui dispose de leurs biens. Je n'y vois qu'un droit inhérent à l'autorité souveraine. Ce droit s'exerce aussi sur des propriétés particulières. Mais dans ce cas le prince traite sur la valeur de l'immeuble ou de l'objet dont l'acquisition intéresse le service public. Il traite alors avec le possesseur avec tous les égards, toutes les précautions qu'exige le respect dû à la propriété. Il ne règle pas lui-même l'indemnité qu'il doit payer à celui qu'il dépossède. Cette indemnité est réglée par une estimation contradictoire.

Au contraire, dans tous les cas où le gouvernement a supprimé les ordres religieux, repris ou concédé leurs possessions, il a agi comme il le devait, comme on le fait ordinairement avec les usufruitiers, à qui l'on ne doit qu'une indemnité temporaire ; et l'on n'a pas toujours été aussi juste.

Le choix de l'autorité que vous invoquez ne me paraît pas heureux.

Vous insistez sur la destination originaire des biens administrés par le clergé.

Ici la question change, et cette destination doit être remplie ; il s'agit ici des droits d'un véritable propriétaire.

L'assemblée constituante en avait pris l'engagement ; il pouvait être mieux rempli par les autorités qui se succédèrent en France pendant vingt années.

Cependant, Monsieur, ne vous êtes-vous pas

abusé, quand vous affirmez que le traitement d'un curé est inférieur aux gages d'un valet.

On vous a trompé sur ce point. Le traitement est convenable et vaut mieux que les portions congrues d'autrefois. Les presbytères aliénés ont été rachetés ou remplacés par d'autres maisons, aux frais des communes. Tout s'est peu à peu rétabli à cet égard, et il n'y a point de curé de campagne qui n'ait tout l'honnête nécessaire.

Les paroisses sont moins nombreuses; mais on convenait assez généralement que, s'il fallait en maintenir le nombre dans les campagnes, celles des villes pouvaient être réduites et distribuées dans une plus juste proportion.

J'aime beaucoup les curés de campagne; ils peuvent faire tant de bien, et il leur est si facile d'en faire.

Le mal n'est pas aussi grand que vous le présumez, et il y a bien encore dans notre pauvre France assez d'établissemens de secours pour que vous ayez pu en connaître quelque-uns.

En général les plaintes aigrissent, fatiguent et ne produisent rien d'utile.

Vous voyez dans l'aliénation des biens du clergé surtout la cause de tous les maux possibles.

Donc il faut en évincer les acquéreurs, tout vous est bon pour soutenir votre thèse. La Fontaine a dit, à la fin d'un de ses apologues, où il avait prouvé que les grands et les princes ne font rien pour rien :

> Le proverbe est bon, selon moi,
> Que qui *l'oie* a mangé du roi,
> Cent ans après en rend les plumes.

Et voilà précisément, selon vous, ce qui prouve,

ce qui démontre incontestablement, que les biens que possédait le clergé ne devaient pas être con‑fisqués ni vendus, et qu'ils doivent être restitués.

Et comme, pour le succès de votre opinion, vous ne comptez pas beaucoup sur l'autorité du bon homme, vous appelez à votre secours touté la doctrine de *Lebret*, *Dolive*, et autres compi‑lateurs et annotateurs de nos vieilles ordonnances sur le fait de la justice.

Les Annales diplomatiques vous fournissent encore d'autres armes; et de longues citations des traités de Nimègue, de Riswick, d'Utrecht, de Rastadt, nous démontrent que les biens con‑fisqués pendant la guerre et pour cause de la guerre ont été restitués par ces mêmes traités.

Ces nouvelles autorités s'appliquent‑elles par‑faitement aux biens nationaux dont vous nous parlez? Ces clauses de restitutions de biens et d'amnistie ne se trouvent‑elles pas dans tous les traités de paix possibles.

Nous avons été en même temps en guerre avec toutes les autres puissances de l'Europe, et dans le nouveau traité de paix je retrouve les mêmes clauses; mais elles s'appliquent exclusivement aux propriétés qu'avaient, en France, les sujets des diverses parties belligérantes, et qui se trouvent encore dans les mains des agens du fisc de chaque état (1).

____

(1) Les traités de paix invoqués par M. F*** ne sont nullement applicables à la cause qu'il soutient. Qu'il me soit permis d'invoquer à mon tour le dernier traité de paix entre toutes les puissances de l'Europe. L'ar‑ticle 27 règle le sort des acquéreurs de domaines na‑tionaux de l'ancienne Belgique, d'une partie de la Savoie et des autres contrées réunies depuis plus de vingt-deux ans à la France. Cet article proclame les ventes irré‑

Sans rien oter à la force de vos argumens, ne vous aurait-il pas été possible de faire grâce au roi de votre longue citation du Traité *de Officiis*; il n'est que trop vrai que nous avons vu se renouveler, dans notre patrie, tous les maux que causèrent à l'ancienne Rome les proscriptions de Marius, de Sylla, de César, etc. Toutes les guerres civiles commencent, s'alimentent et se terminent par des crimes.

Quels siècles, quels peuples ont échappé à ces terribles fléaux.

Tout ce qui peut en rappeler la mémoire et ranimer le germe dévastateur doit être rejeté de nos souvenirs et de nos cœur.

> *Eximia est virtus, præstare silentia rebus;*
> *At contra gravis est culpa, tacenda loqui.*
>
> Ovid, art. am., lib. 2.

Il vous faut des couvens, tous les couvens que la révolution a détruits. Il vous faut le rétablissement de toutes les dignités, de tous les anciens bénéfices ecclésiastiques, avec leurs riches dotations. L'intérêt de la religion l'exige impérieusement. Or la religion est la base unique et fondamentale

---

vocables; il dispose : « Les domaines nationaux acquis » à titre onéreux par des sujets français dans les ci-» devant départemens de la Belgique, de la rive gauche » du Rhin et des Alpes, hors des anciennes limites, » *sont* et demeurent garantis aux acquéreurs. »

Si les acquéreurs de domaines nationaux ont pour eux la foi due aux contrats, l'assentiment du souverain pontife, la déclaration du Roi, la charte constitutionnelle, etc., etc., leurs adversaires peuvent leur opposer la façon de penser de leur avocat, et c'est bien assez, sans doute.

Note de l'éditeur.

de tout l'édifice social; je suis parfaitement de votre avis sur ce point. Mais cette base n'existe-t-elle pas dans la sagesse toute divine de ses dogmes, ces dogmes en seront-ils moins sacrés, moins respectables, si les temples et leurs ministres sont moins magnifiques.

Aurum sacramenta non quærunt, a dit saint Ambroise, *lib. de Off.*, c. 28. Se serait-il trompé, ah pardonnez-moi de ne pas balancer entre saint Ambroise et vous !

Non content d'invoquer avec autant de sagacité que de science les lois humaines en faveur de votre opinion, vous finissez par appeler sur les acquéreurs des domaines nationaux les foudres de l'excommunication.

Et comme vous présumez bien que ces menaces terribles pourraient rester sans effet, si l'on n'en connaissait pas toute la force, et que cette force est peu connue, vous prenez la peine de nous expliquer, dans une note officieuse, ce que c'est qu'excommunication et anathème.

Vous nous apprenez qu'un excommunié n'est salué par personne, et qu'il doit manger tout seul.

S'il est frappé d'anathème, il perdra tous ses procès, il mourra avant sa femme, qui restera veuve; ses enfans mourront en naissant et seront orphelins; la malédiction lui tiendra lieu d'habit et de ceinture.

Tout cela est très-effrayant; mais l'évangile tient un tout autre langage, et tous les cœurs l'entendent, parce que ce livre divin nous fait un devoir d'aimer et de pardonner.

Mais enfin, je suppose, qu'entraînés par votre éloquence, effrayés par l'excommunication dont vous les menacez, et surtout par le verset du psaume 108, vos adversaires restituent tout ce que vous leur demandez, que les couvens, objets de tous vos vœux, soient rétablis à leurs frais et dans toute leur splendeur.

Où trouver des moines et des religieuses pour les habiter ?

Croyez moi, si la maxime *qui travaille prie* est exacte, il faut laisser les choses ce qu'elles sont devenues et renoncer à un projet dont l'exécution, fût-elle possible, ne produirait rien d'utile pour l'état, pour les mœurs, et, j'ose le dire, pour la religion.

Nulle considération, même d'intérêt public, ne vous arrête ; et vous comptez tellement sur l'effet de la menace d'excommunication, que vous insérez dans votre missive une formule d'exhortation à l'usage de tous les prêtres de l'Église de France.

Mais songez-vous, Monsieur, à cette déclaration du roi, à cette charte constitutionnelle. On peut, dans un écrit particulier, hasarder son opinion. La publication de votre lettre prouve que la liberté de la presse n'est point un vain mot.

Des ministres de la religion qui disent à des prêtres et aux fidèles : *Obedite præpositis vestris etiam discolis* pourraient-il, sans manquer à leur premier devoir, se mettre en opposition avec la volonté expresse du prince, et les lois fondamentales du royaume. Je ne crois pas qu'il y en ait beaucoup qui fassent usage de vos instructions pastorales, et de votre exhortation comminatoire.

L'autorité publique a prononcé, et dans l'hypothèse que vous discutez, l'autorité religieuse serait aujourd'hui sans pouvoir (1). Les tribu-

____

(1) Comment exercer d'une manière orthodoxe ce

naux, direz-vous, les tribunaux, Monsieur, ne peuvent rien que par les lois.

Je ne me lasserai point de vous faire des concessions.

Je suppose que les tribunaux puissent connaître de ces restitutions si vivement sollicitées par vous.

Tous les huissiers applaudiront à vos succès; il n'est pas une famille en France qui n'aurait à donner ou à recevoir un exploit.

Assignation au possesseur actuel; recours de celui-ci contre son vendeur. Arrière garantie de ce vendeur contre le sien. Enfin, recours contre l'autorité même qui a vendu originairement.

Votre réponse est prête, on a acheté à vil prix. Les jouissances ont plus que compensé le prix d'achat, la restitution doit se faire sans indemnité.

Il faut bien vous détromper sur ce point, vous avez dit que Buonaparte avait eu l'idée de faire payer un supplément de prix aux acquéreurs de domaines nationaux. Il vous en coûtait bien peu pour nous apprendre en même temps qu'il avait exécuté, consommé ce projet.

Toute la France sait que, déjà plusieurs années

---

beau plan d'excommunication; on ne peut excommunier qu'au nom et avec l'autorité du souverain pontife; et dans un acte solennel, devenu loi de la France, le pape régnant a déclaré que « les propriétés des biens ecclé- » siastiques et les droits et revenus y attachés, demeu- » reront incommutables dans les mains des acquéreurs » ou de leurs ayant cause. » Excommunier aujourd'hui ces malheureux, sans violer le principe sacré de l'infailli- bilité du chef de l'église, me paraît impossible. Je soumets avec une confiance respectueuse cette petite diffi- culté aux lumières théologiques de M. F***, et surtout à son impartialité.

Note de l'auteur.

se sont écoulées depuis qu'il a été adressé, par les préposés de la régie des domaines et de l'enregistrement, à tous les acquéreurs de domaines nationaux, de toute origine, des feuilles de décompte. Que ce supplément a été exigé sous peine de déchéance; que la totalité en a réellement été payée; que les acquéreurs qui, dans le bref délai donné, n'ont pu s'acquitter, ont été déchus; les immeubles qu'ils avaient acquis ont été revendus, et le produit en a sans doute été toujours suffisant pour payer le supplément prescrit.

Il y a plus, Monsieur, c'est que, dans le règlement de ces décomptes, le gouvernement n'a point admis de compensation.

Un trait sur mille. M.e H.e Baps de Bordeaux avait acheté un immeuble national, et avait soldé le montant de l'adjudication.

Un voisin prétendit que, par erreur, on avait compris, dans le lot qu'elle avait acheté, un emplacement qui lui appartenait. Le fait fut prouvé, des experts nommés déterminèrent l'indemnité due à M.lle H.e Baps pour la portion dont elle était évincée.

Cette indemnité avait été soumise à l'autorité supérieure et approuvée. Rien de plus liquide que cette créance.

Une feuille de décompte est adressée à cette dame; la somme qui lui était demandée était moins forte que celle qui lui était due par le gouvernement; elle demanda la compensation. Les deux sommes étaient liquidées, exigibles entre les mêmes parties, pour la même cause, et la compensation fut refusée et l'immeuble revendu.

Mille autres réclamations de ce genre se sont élevées, aucune n'a été admise.

Le motif de restitution que vous faites résulter de la vileté du prix d'achat eût été de quelque poids sans doute ; mais il manque dans le fait, et c'est dommage, car vous en auriez tiré bon parti, et c'était votre meilleur argument, si le fait sur lequel il était basé eût été vrai.

Je suis forcé d'en convenir, ami de l'ordre et de la paix, et sans intérêt personnel, à n'être pas de votre opinion. Je ne puis voir dans l'exécution de votre projet que le bouleversement de toutes les fortunes, que le germe d'une interminable guerre domestique (1).

___

(1) Ces biens ne sont-ils pas devenus, dans la main de la nation, le gage solidaire des dettes des anciens propriétaires qu'elle a payées ! n'est-il pas constant qu'elle n'a pas trouvé dans le produit de certaines ventes l'équivalent des charges qu'elle s'était imposées envers les créanciers des fugitifs ; que toutes ces dettes n'étaient pas également sincères, qu'une partie n'était même que simulée dans l'intérêt des absens ? L'admission de votre système ne donnerait-il pas ouverture à une foule d'interminables contestations ? N'aurions-nous échappé aux chances désastreuses de la guerre étrangère, que pour être en proie à toutes les horreurs d'une guerre intestine plus meurtrière et plus désastreuse ? J'aime la paix, Monsieur, et je ne crois pas la payer trop cher encore au prix de mon amour-propre. Je vous avoue toute ma faiblesse, je n'ambitionne ni vos talens, ni vos lumières, mais il est moins dangereux de vous admirer que de vous croire ; souffrez que ma raison et ma conscience, éclairées par la déclaration du prince, trouvent juste tout ce qu'il a jugé nécessaire. Que voulait-on, il y a vingt-cinq ans, que demandait alors la majorité des Français, ce qu'ils demandent aujourd'hui, ce qui s'exécute par le concours paisible et spontané du monarque et des citoyens. N'avons-nous pas expié nos erreurs par un assez grand nombre de sacrifices ; et lorsque plus de cent mille familles pleurent en silence la mort de leurs fils, de leurs époux, sans se permettre le moindre murmure, la moindre recherche sur la première cause de cette longue guerre, l'exemple de leur noble résignation

Quand tout le monde a tort, tout le monde a raison, je ne vous parle pas de plusieurs milliers de Français dont la cause serait devenue commune et la réunion nécessaire, et qui pourraient recevoir assez mal quiconque, votre lettre à la main, viendrait leur dire :

Hæc mea sunt veteres migrate coloni.

La plupart de ces acquéreurs ont vu naître et s'élever une génération toute entière depuis qu'ils ont acquis les biens qu'on viendrait leur demander.

Votre lettre au roi restera sans réponse. Forts de la justice du prince, garantis par sa parole sacrée, les acquéreurs de domaines nationaux, toujours fidèles à leur patrie, à leur prince et aux lois, transmettront à leurs enfans, avec leur héritage, leur amour, leur reconnaissance pour le roi, dont le retour fut le signal et le gage du repos de l'Europe et du bonheur de toutes nos familles; et qui, tout entier aux soins d'une immense administration, travaille avec autant de zèle que de succès au bonheur de la France, et abandonne aux oisifs de tous les lieux les hautes spéculations des diplomates de la bourse; les calculs des plénipotentiaires de cafés, et les vastes plans de réforme des hommes d'affaires qui s'érigent en hommes d'état.

---

serait-il perdu pour ceux-là même pour qui la paix est un double bienfait. Gardons-nous de calculer nos pertes personnelles. Que le bonheur de tous soit l'unique dédommagement de chacun. Obéissons aux lois sans chercher à les interpréter; l'obscurité a bien son prix.

Le génie est toujours impatient et jaloux de se produire; mais quand on ne peut éclairer que par un incendie, le point obscur où l'on végète devrait balancer entre l'éclat éphémère d'un moment et l'éternel supplice du remords.

(*Note de l'éditeur.*)

FIN.